THIS JOURNAL BELONGS TO:

Erin Recachinas

Take a moment each day to write about your son or daughter, just a line or two. With this "One line a day 5 year journal" you'll experience a new way to keep your memories for the years to come.

HOW IT WORKS:

Every day has 5 lined spaces to write in the year (for ex; 2020) and your daily thoughts. After one year, you will enter the current year (for ex: 2021) and your memories, and so on for 5 years.
As the years pass by, you'll have the opportunity to read and compare where you were at the previous year(s) and therefore how much you and your child have experienced,, grown and changed.
It is more than a Journal, it is 5 years of your life in a book, one line a day...

01 JANUARY

Year 20 ____

Year 20 ____

Year 20 ____

Year 20 ____

Year 20 ____

02 JANUARY

Year 20____

Year 20____

Year 20____

Year 20____

Year 20____

03 JANUARY

Year 20____

Year 20____

Year 20____

Year 20____

Year 20____

04 JANUARY

Year 20____

Year 20____

Year 20____

Year 20____

Year 20____

05 JANUARY

Year 20____

Year 20____

Year 20____

Year 20____

Year 20____

06 JANUARY

Year 20____

Year 20____

Year 20____

Year 20____

Year 20____

07 JANUARY

Year 20____

Year 20____

Year 20____

Year 20____

Year 20____

08 JANUARY

Year 20 _____

Year 20 _____

Year 20 _____

Year 20 _____

Year 20 _____

09 JANUARY

Year 20____

Year 20____

Year 20____

Year 20____

Year 20____

10 JANUARY

Year 20____

Year 20____

Year 20____

Year 20____

Year 20____

11 JANUARY

Year 20____

Year 20____

Year 20____

Year 20____

Year 20____

12 JANUARY

Year 20____

Year 20____

Year 20____

Year 20____

Year 20____

13 JANUARY

Year 20____

Year 20____

Year 20____

Year 20____

Year 20____

14 JANUARY

Year 20____

Year 20____

Year 20____

Year 20____

Year 20____

15 JANUARY

Year 20 _____

___

Year 20 _____

___

Year 20 _____

___

Year 20 _____

___

Year 20 _____

16 JANUARY

Year 20____

Year 20____

Year 20____

Year 20____

Year 20____

17 JANUARY

Year 20____

Year 20____

Year 20____

Year 20____

Year 20____

18 JANUARY

Year 20____

Year 20____

Year 20____

Year 20____

Year 20____

19 JANUARY

Year 20____

———

Year 20____

———

Year 20____

———

Year 20____

———

Year 20____

20 JANUARY

Year 20____

Year 20____

Year 20____

Year 20____

Year 20____

21 JANUARY

♥

Year 20____

Year 20____

Year 20____

Year 20____

Year 20____

22 JANUARY

Year 20 ____

Year 20 ____

Year 20 ____

Year 20 ____

Year 20 ____

23 JANUARY

Year 20 ____

Year 20 ____

Year 20 ____

Year 20 ____

Year 20 ____

24 JANUARY

Year 20____

Year 20____

Year 20____

Year 20____

Year 20____

25 JANUARY

Year 20____

Year 20____

Year 20____

Year 20____

Year 20____

26 JANUARY

Year 20 ____

Year 20 ____

Year 20 ____

Year 20 ____

Year 20 ____

27 JANUARY

Year 20____

Year 20____

Year 20____

Year 20____

Year 20____

28 JANUARY

♥

Year 20____

Year 20____

Year 20____

Year 20____

Year 20____

29 JANUARY

Year 20 ____

___

Year 20 ____

___

Year 20 ____

___

Year 20 ____

___

Year 20 ____

30 JANUARY

Year 20___

Year 20___

Year 20___

Year 20___

Year 20___

31 JANUARY

Year 20___

Year 20___

Year 20___

Year 20___

Year 20___

01 FEBRUARY

Year 20____

Year 20____

Year 20____

Year 20____

Year 20____

02 FEBRUARY

Year 20 ____

Year 20 ____

Year 20 ____

Year 20 ____

Year 20 ____

03 FEBRUARY

Year 20____

Year 20____

Year 20____

Year 20____

Year 20____

04 FEBRUARY

♥

Year 20____

_____

Year 20____

_____

Year 20____

_____

Year 20____

_____

Year 20____

_____

05 FEBRUARY

Year 20 ____

Year 20 ____

Year 20 ____

Year 20 ____

Year 20 ____

06 FEBRUARY

Year 20 ___

Year 20 ___

Year 20 ___

Year 20 ___

Year 20 ___

07 FEBRUARY

Year 20____

Year 20____

Year 20____

Year 20____

Year 20____

08 FEBRUARY

Year 20____

Year 20____

Year 20____

Year 20____

Year 20____

09 FEBRUARY

Year 20____

Year 20____

Year 20____

Year 20____

Year 20____

10 FEBRUARY

Year 20____

Year 20____

Year 20____

Year 20____

Year 20____

11 FEBRUARY

♥

Year 20____

―――――――――――――――――
―――――――――――――――――
―――――――――――――――――
―――――――――――――――――

Year 20____

―――――――――――――――――
―――――――――――――――――
―――――――――――――――――
―――――――――――――――――

Year 20____

―――――――――――――――――
―――――――――――――――――
―――――――――――――――――
―――――――――――――――――

Year 20____

―――――――――――――――――
―――――――――――――――――
―――――――――――――――――
―――――――――――――――――

Year 20____

―――――――――――――――――
―――――――――――――――――
―――――――――――――――――
―――――――――――――――――

12 FEBRUARY

Year 20 _____

Year 20 _____

Year 20 _____

Year 20 _____

Year 20 _____

13 FEBRUARY

Year 20____

Year 20____

Year 20____

Year 20____

Year 20____

14 FEBRUARY

Year 20 _____

Year 20 _____

Year 20 _____

Year 20 _____

Year 20 _____

15 FEBRUARY

Year 20 _____

Year 20 _____

Year 20 _____

Year 20 _____

Year 20 _____

16 FEBRUARY

Year 20 ____

Year 20 ____

Year 20 ____

Year 20 ____

Year 20 ____

17 FEBRUARY

Year 20____

Year 20____

Year 20____

Year 20____

Year 20____

18 FEBRUARY

Year 20____

Year 20____

Year 20____

Year 20____

Year 20____

19 FEBRUARY

Year 20 ____

Year 20 ____

Year 20 ____

Year 20 ____

Year 20 ____

20 FEBRUARY

Year 20____

_____
_____
_____
_____

Year 20____

_____
_____
_____
_____

Year 20____

_____
_____
_____
_____

Year 20____

_____
_____
_____
_____

Year 20____

_____
_____
_____
_____

21 FEBRUARY

Year 20 ____

Year 20 ____

Year 20 ____

Year 20 ____

Year 20 ____

22 FEBRUARY

Year 20 ____

Year 20 ____

Year 20 ____

Year 20 ____

Year 20 ____

23 FEBRUARY

Year 20____

Year 20____

Year 20____

Year 20____

Year 20____

24 FEBRUARY

Year 20___

Year 20___

Year 20___

Year 20___

Year 20___

25 FEBRUARY

♥

Year 20 ____

Year 20 ____

Year 20 ____

Year 20 ____

Year 20 ____

26 FEBRUARY

Year 20 _____

Year 20 _____

Year 20 _____

Year 20 _____

Year 20 _____

27 FEBRUARY

Year 20____

Year 20____

Year 20____

Year 20____

Year 20____

28 FEBRUARY

Year 20____

_____
_____
_____
_____

Year 20____

_____
_____
_____
_____

Year 20____

_____
_____
_____
_____

Year 20____

_____
_____
_____
_____

Year 20____

_____
_____
_____
_____

29 FEBRUARY

Year 20____

Year 20____

Year 20____

Year 20____

Year 20____

01 MARCH

Year 20____

Year 20____

Year 20____

Year 20____

Year 20____

02 MARCH

Year 20____

Year 20____

Year 20____

Year 20____

Year 20____

03 MARCH

♥

Year 20____

_____

Year 20____

_____

Year 20____

_____

Year 20____

_____

Year 20____

_____

04 MARCH

Year 20 ____

___

Year 20 ____

___

Year 20 ____

___

Year 20 ____

___

Year 20 ____

05 MARCH

Year 20____

Year 20____

Year 20____

Year 20____

Year 20____

06 MARCH

Year 20____

Year 20____

Year 20____

Year 20____

Year 20____

07 MARCH

Year 20____

Year 20____

Year 20____

Year 20____

Year 20____

08 MARCH

Year 20 ____

Year 20 ____

Year 20 ____

Year 20 ____

Year 20 ____

09 MARCH

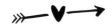

Year 20____

Year 20____

Year 20____

Year 20____

Year 20____

10 MARCH

Year 20 ____

Year 20 ____

Year 20 ____

Year 20 ____

Year 20 ____

11 MARCH

Year 20 ____

___

Year 20 ____

___

Year 20 ____

___

Year 20 ____

___

Year 20 ____

___

12 MARCH

Year 20____

Year 20____

Year 20____

Year 20____

Year 20____

13 MARCH

Year 20____

_____
_____
_____
_____

Year 20____

_____
_____
_____
_____

Year 20____

_____
_____
_____
_____

Year 20____

_____
_____
_____
_____

Year 20____

_____
_____
_____
_____

14 MARCH

Year 20____

Year 20____

Year 20____

Year 20____

Year 20____

15 MARCH

Year 20 _____

Year 20 _____

Year 20 _____

Year 20 _____

Year 20 _____

16 MARCH

Year 20____

Year 20____

Year 20____

Year 20____

Year 20____

17 MARCH

Year 20____

Year 20____

Year 20____

Year 20____

Year 20____

18 MARCH

Year 20 ____

Year 20 ____

Year 20 ____

Year 20 ____

Year 20 ____

19 MARCH

Year 20____

Year 20____

Year 20____

Year 20____

Year 20____

20 MARCH

Year 20____

Year 20____

Year 20____

Year 20____

Year 20____

21 MARCH

Year 20____

Year 20____

Year 20____

Year 20____

Year 20____

22 MARCH

Year 20____

_____

Year 20____

_____

Year 20____

_____

Year 20____

_____

Year 20____

_____

23 MARCH

Year 20___

Year 20___

Year 20___

Year 20___

Year 20___

24 MARCH

Year 20____

Year 20____

Year 20____

Year 20____

Year 20____

25 MARCH

Year 20 ____

Year 20 ____

Year 20 ____

Year 20 ____

Year 20 ____

26 MARCH

Year 20____

Year 20____

Year 20____

Year 20____

Year 20____

27 MARCH

Year 20____

_____

Year 20____

_____

Year 20____

_____

Year 20____

_____

Year 20____

_____

28 MARCH

Year 20____

Year 20____

Year 20____

Year 20____

Year 20____

29 MARCH

Year 20____

Year 20____

Year 20____

Year 20____

Year 20____

30 MARCH

Year 20 ___

Year 20 ___

Year 20 ___

Year 20 ___

Year 20 ___

31 MARCH

♥

Year 20____

Year 20____

Year 20____

Year 20____

Year 20____

01 APRIL

Year 20 ____

Year 20 ____

Year 20 ____

Year 20 ____

Year 20 ____

02 APRIL

Year 20____

_____
_____
_____

Year 20____

_____
_____
_____

Year 20____

_____
_____
_____

Year 20____

_____
_____
_____

Year 20____

_____
_____
_____

03 APRIL

Year 20____

Year 20____

Year 20____

Year 20____

Year 20____

04 APRIL

Year 20____

Year 20____

Year 20____

Year 20____

Year 20____

05 APRIL

Year 20____
_____
_____
_____
_____

Year 20____
_____
_____
_____
_____

Year 20____
_____
_____
_____
_____

Year 20____
_____
_____
_____
_____

Year 20____
_____
_____
_____
_____

06 APRIL

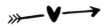

Year 20 ____

Year 20 ____

Year 20 ____

Year 20 ____

Year 20 ____

07 APRIL

Year 20____

Year 20____

Year 20____

Year 20____

Year 20____

08 APRIL

Year 20 ____

Year 20 ____

Year 20 ____

Year 20 ____

Year 20 ____

09 APRIL

Year 20___

Year 20___

Year 20___

Year 20___

Year 20___

10 APRIL

Year 20 _____

___

Year 20 _____

___

Year 20 _____

___

Year 20 _____

___

Year 20 _____

11 APRIL

Year 20____

Year 20____

Year 20____

Year 20____

Year 20____

12 APRIL

Year 20____

Year 20____

Year 20____

Year 20____

Year 20____

13 APRIL

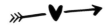

Year 20____

Year 20____

Year 20____

Year 20____

Year 20____

14 APRIL

Year 20____

Year 20____

Year 20____

Year 20____

Year 20____

15 APRIL

Year 20 ____

Year 20 ____

Year 20 ____

Year 20 ____

Year 20 ____

16 APRIL

Year 20___

Year 20___

Year 20___

Year 20___

Year 20___

17 APRIL

Year 20____

Year 20____

Year 20____

Year 20____

Year 20____

18 APRIL

Year 20____

Year 20____

Year 20____

Year 20____

Year 20____

19 APRIL

Year 20____

Year 20____

Year 20____

Year 20____

Year 20____

20 APRIL

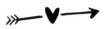

Year 20____

Year 20____

Year 20____

Year 20____

Year 20____

21 APRIL

Year 20____

Year 20____

Year 20____

Year 20____

Year 20____

22 APRIL

Year 20 ____

Year 20 ____

Year 20 ____

Year 20 ____

Year 20 ____

23 APRIL

Year 20____

Year 20____

Year 20____

Year 20____

Year 20____

24 APRIL

Year 20____

Year 20____

Year 20____

Year 20____

Year 20____

25 APRIL

Year 20 ____

Year 20 ____

Year 20 ____

Year 20 ____

Year 20 ____

26 APRIL

Year 20____

Year 20____

Year 20____

Year 20____

Year 20____

27 APRIL

Year 20____

Year 20____

Year 20____

Year 20____

Year 20____

28 APRIL

Year 20 _____

___

Year 20 _____

___

Year 20 _____

___

Year 20 _____

___

Year 20 _____

29 APRIL

Year 20 ____

Year 20 ____

Year 20 ____

Year 20 ____

Year 20 ____

30 APRIL

Year 20____

Year 20____

Year 20____

Year 20____

Year 20____

01 MAY

Year 20____

Year 20____

Year 20____

Year 20____

Year 20____

02 MAY

Year 20 ____

Year 20 ____

Year 20 ____

Year 20 ____

Year 20 ____

03 MAY

Year 20 _____

Year 20 _____

Year 20 _____

Year 20 _____

Year 20 _____

04 MAY

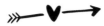

Year 20____

_____
_____
_____
_____

Year 20____

_____
_____
_____
_____

Year 20____

_____
_____
_____
_____

Year 20____

_____
_____
_____
_____

Year 20____

_____
_____
_____
_____

05 MAY

Year 20 ____
_____
_____
_____
_____

Year 20 ____
_____
_____
_____
_____

Year 20 ____
_____
_____
_____
_____

Year 20 ____
_____
_____
_____
_____

Year 20 ____
_____
_____
_____
_____

06 MAY

Year 20 _____

Year 20 _____

Year 20 _____

Year 20 _____

Year 20 _____

07 MAY

Year 20____

Year 20____

Year 20____

Year 20____

Year 20____

08 MAY

Year 20__

_____
_____
_____
_____

Year 20__

_____
_____
_____
_____

Year 20__

_____
_____
_____
_____

Year 20__

_____
_____
_____
_____

Year 20__

_____
_____
_____
_____

09 MAY

Year 20____

Year 20____

Year 20____

Year 20____

Year 20____

10 MAY

Year 20____

_____
_____
_____
_____

Year 20____

_____
_____
_____
_____

Year 20____

_____
_____
_____
_____

Year 20____

_____
_____
_____
_____

Year 20____

_____
_____
_____
_____

11 MAY

Year 20__

Year 20__

Year 20__

Year 20__

Year 20__

12 MAY

Year 20____

_____

Year 20____

_____

Year 20____

_____

Year 20____

_____

Year 20____

_____

13 MAY

Year 20 ____

Year 20 ____

Year 20 ____

Year 20 ____

Year 20 ____

14 MAY

Year 20____

Year 20____

Year 20____

Year 20____

Year 20____

15 MAY

Year 20____

Year 20____

Year 20____

Year 20____

Year 20____

16 MAY

Year 20____

_____
_____
_____
_____

Year 20____

_____
_____
_____
_____

Year 20____

_____
_____
_____
_____

Year 20____

_____
_____
_____
_____

Year 20____

_____
_____
_____
_____

17 MAY

Year 20____

Year 20____

Year 20____

Year 20____

Year 20____

18 MAY

Year 20____

Year 20____

Year 20____

Year 20____

Year 20____

19 MAY

Year 20____
_____
_____
_____
_____

Year 20____
_____
_____
_____
_____

Year 20____
_____
_____
_____
_____

Year 20____
_____
_____
_____
_____

Year 20____
_____
_____
_____
_____

20 MAY

Year 20 ____

Year 20 ____

Year 20 ____

Year 20 ____

Year 20 ____

21 MAY

Year 20____

Year 20____

Year 20____

Year 20____

Year 20____

22 MAY

Year 20____

_____
_____
_____
_____

Year 20____

_____
_____
_____
_____

Year 20____

_____
_____
_____
_____

Year 20____

_____
_____
_____
_____

Year 20____

_____
_____
_____
_____

23 MAY

Year 20____

Year 20____

Year 20____

Year 20____

Year 20____

24 MAY

Year 20____

Year 20____

Year 20____

Year 20____

Year 20____

25 MAY

Year 20___

Year 20___

Year 20___

Year 20___

Year 20___

26 MAY

Year 20____

Year 20____

Year 20____

Year 20____

Year 20____

27 MAY

Year 20 _____

Year 20 _____

Year 20 _____

Year 20 _____

Year 20 _____

28 MAY

Year 20___

Year 20___

Year 20___

Year 20___

Year 20___

29 MAY

Year 20___

Year 20___

Year 20___

Year 20___

Year 20___

30 MAY

Year 20____

Year 20____

Year 20____

Year 20____

Year 20____

31 MAY

Year 20 ____

Year 20 ____

Year 20 ____

Year 20 ____

Year 20 ____

01 JUNE

Year 20____

Year 20____

Year 20____

Year 20____

Year 20____

02 JUNE

Year 20____

Year 20____

Year 20____

Year 20____

Year 20____

03 JUNE

Year 20 ____

Year 20 ____

Year 20 ____

Year 20 ____

Year 20 ____

04 JUNE

Year 20 ____

Year 20 ____

Year 20 ____

Year 20 ____

Year 20 ____

05 JUNE

Year 20____

_____
_____
_____
_____

Year 20____

_____
_____
_____
_____

Year 20____

_____
_____
_____
_____

Year 20____

_____
_____
_____
_____

Year 20____

_____
_____
_____
_____

06 JUNE

Year 20____

Year 20____

Year 20____

Year 20____

Year 20____

07 JUNE

Year 20___

Year 20___

Year 20___

Year 20___

Year 20___

08 JUNE

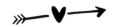

Year 20____

Year 20____

Year 20____

Year 20____

Year 20____

09 JUNE

Year 20____
_____
_____
_____
_____

Year 20____
_____
_____
_____
_____

Year 20____
_____
_____
_____
_____

Year 20____
_____
_____
_____
_____

Year 20____
_____
_____
_____
_____

10 JUNE

Year 20 ____

Year 20 ____

Year 20 ____

Year 20 ____

Year 20 ____

11 JUNE

Year 20____

Year 20____

Year 20____

Year 20____

Year 20____

12 JUNE

Year 20____

Year 20____

Year 20____

Year 20____

Year 20____

13 JUNE

Year 20____

___

Year 20____

___

Year 20____

___

Year 20____

___

Year 20____

14 JUNE

Year 20____

Year 20____

Year 20____

Year 20____

Year 20____

15 JUNE

Year 20____

Year 20____

Year 20____

Year 20____

Year 20____

16 JUNE

Year 20____

Year 20____

Year 20____

Year 20____

Year 20____

17 JUNE

Year 20 ____

Year 20 ____

Year 20 ____

Year 20 ____

Year 20 ____

18 JUNE

Year 20____

Year 20____

Year 20____

Year 20____

Year 20____

19 JUNE

Year 20____

Year 20____

Year 20____

Year 20____

Year 20____

20 JUNE

Year 20____

Year 20____

Year 20____

Year 20____

Year 20____

21 JUNE

Year 20____

___

Year 20____

___

Year 20____

___

Year 20____

___

Year 20____

___

22 JUNE

Year 20 ____

Year 20 ____

Year 20 ____

Year 20 ____

Year 20 ____

23 JUNE

Year 20____

_____
_____
_____
_____

Year 20____

_____
_____
_____
_____

Year 20____

_____
_____
_____
_____

Year 20____

_____
_____
_____
_____

Year 20____

_____
_____
_____
_____

24 JUNE

Year 20 ____

Year 20 ____

Year 20 ____

Year 20 ____

Year 20 ____

25 JUNE

Year 20____

Year 20____

Year 20____

Year 20____

Year 20____

26 JUNE

Year 20____

Year 20____

Year 20____

Year 20____

Year 20____

27 JUNE

Year 20____

Year 20____

Year 20____

Year 20____

Year 20____

28 JUNE

Year 20____

Year 20____

Year 20____

Year 20____

Year 20____

29 JUNE

Year 20____
_____
_____
_____
_____

Year 20____
_____
_____
_____
_____

Year 20____
_____
_____
_____
_____

Year 20____
_____
_____
_____
_____

Year 20____
_____
_____
_____
_____

30 JUNE

Year 20____

Year 20____

Year 20____

Year 20____

Year 20____

01 JULY

Year 20 _____

Year 20 _____

Year 20 _____

Year 20 _____

Year 20 _____

02 JULY

Year 20 ____

Year 20 ____

Year 20 ____

Year 20 ____

Year 20 ____

03 JULY

Year 20____

Year 20____

Year 20____

Year 20____

Year 20____

04 JULY

Year 20____

Year 20____

Year 20____

Year 20____

Year 20____

05 JULY

Year 20 ___

Year 20 ___

Year 20 ___

Year 20 ___

Year 20 ___

06 JULY

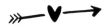

Year 20____

Year 20____

Year 20____

Year 20____

Year 20____

07 JULY

Year 20____

———————————————
———————————————
———————————————
———————————————

Year 20____

———————————————
———————————————
———————————————
———————————————

Year 20____

———————————————
———————————————
———————————————
———————————————

Year 20____

———————————————
———————————————
———————————————
———————————————

Year 20____

———————————————
———————————————
———————————————
———————————————

08 JULY

Year 20 ____

Year 20 ____

Year 20 ____

Year 20 ____

Year 20 ____

09 JULY

Year 20____

Year 20____

Year 20____

Year 20____

Year 20____

10 JULY

Year 20____

Year 20____

Year 20____

Year 20____

Year 20____

11 JULY

Year 20____

Year 20____

Year 20____

Year 20____

Year 20____

12 JULY

Year 20____

Year 20____

Year 20____

Year 20____

Year 20____

13 JULY

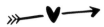

Year 20____

Year 20____

Year 20____

Year 20____

Year 20____

14 JULY

Year 20____

_____
_____
_____
_____

Year 20____

_____
_____
_____
_____

Year 20____

_____
_____
_____
_____

Year 20____

_____
_____
_____
_____

Year 20____

_____
_____
_____
_____

15 JULY

Year 20 ____

Year 20 ____

Year 20 ____

Year 20 ____

Year 20 ____

16 JULY

Year 20 _____

Year 20 _____

Year 20 _____

Year 20 _____

Year 20 _____

17 JULY

Year 20____

Year 20____

Year 20____

Year 20____

Year 20____

18 JULY

Year 20____
_____
_____
_____
_____

Year 20____
_____
_____
_____
_____

Year 20____
_____
_____
_____
_____

Year 20____
_____
_____
_____
_____

Year 20____
_____
_____
_____
_____

19 JULY

Year 20____

Year 20____

Year 20____

Year 20____

Year 20____

20 JULY

Year 20 ___

Year 20 ___

Year 20 ___

Year 20 ___

Year 20 ___

21 JULY

Year 20____

Year 20____

Year 20____

Year 20____

Year 20____

22 JULY

Year 20 __20__

We found out today ♥ I am in shock but so excited about what is to come. You are already on my mind all the time and I pray for you constantly.

Year 20 ____

Year 20 ____

Year 20 ____

Year 20 ____

23 JULY

Year 20 20

We told our parents, Claire + Jon, Steph + JB last night. We are all so happy. I'm having trouble focusing on work because of thinking about you.

Year 20 ___

Year 20 ___

Year 20 ___

Year 20 ___

24 JULY

Year 20 20

My first friday of pregnancy. I believe there will be many. I look forward to the next few months.

Year 20 ___

Year 20 ___

Year 20 ___

Year 20 ___

25 JULY

Year 20 20

I napped most of the day - you are wearing me out, little one! I am praying for your safety always. I keep ~~taking tests~~ because I feel like it's too good to be true

Year 20 ___

Year 20 ___

Year 20 ___

Year 20 ___

26 JULY

Year 2020

Spending my time relaxing and thinking about you ♥♥ I have been napping like crazy, but I am so blessed every day you + I are healthy.

Year 20___

Year 20___

Year 20___

Year 20___

27 JULY

Year 20 _20_

Monday again. I was so tired today, still can't believe this is happening! I called the doctor today and set up an appointment and can't believe I'll be hearing your heartbeat in just a month!!

Year 20 ___

Year 20 ___

Year 20 ___

Year 20 ___

28 JULY

Year 20 __20__

I went to bed super early last night and feel so much more energetic. This journey is going to be wild- everyone is so excited for us ♥︎♥︎

Year 20 ____

Year 20 ____

Year 20 ____

Year 20 ____

29 JULY

Year 20 _20_

Work has been so hard this week, you are my joy. God has blessed me with you and I cannot even begin to express how lucky I am on this journey. Every day I wake up and give thanks for your tiny safety + health 🌱

Year 20 ____

Year 20 ____

Year 20 ____

Year 20 ____

30 JULY

Year 20 20

Mom was supposed to come up today for the weekend but I got a bad cough halfway through the day. I am only concerned for you and have been giving you to God every time my fear strikes.

Year 20 ___

Year 20 ___

Year 20 ___

Year 20 ___

31 JULY

Year 20 _20_

Taking the day off of work today. I am so excited to be a mom, your mom. We are in week 5, only 35 more to go until we meet you!

Year 20 ___

Year 20 ___

Year 20 ___

Year 20 ___

01 AUGUST

Year 20 20

I went to get a COVID test today. I don't think I have it but I just want the peace of mind. We spent the evening with Claire + Jon, we are all so excited for you to be here ♥

Year 20 ___

Year 20 ___

Year 20 ___

Year 20 ___

02 AUGUST

Year 20 __20__

I am so nauseated today. You are using up all sorts of resources in me and I am so thankful but I feel pretty miserable. Only a few more months in the first trimester, can't wait to tell everyone ~♥

Year 20 ____

Year 20 ____

Year 20 ____

Year 20 ____

03 AUGUST

Year 20____

Year 20____

Year 20____

Year 20____

Year 20____

04 AUGUST

Year 20____

Year 20____

Year 20____

Year 20____

Year 20____

05 AUGUST

Year 20 ____

Year 20 ____

Year 20 ____

Year 20 ____

Year 20 ____

06 AUGUST

Year 20____

Year 20____

Year 20____

Year 20____

Year 20____

07 AUGUST

Year 20____

Year 20____

Year 20____

Year 20____

Year 20____

08 AUGUST

Year 20 _____

Year 20 _____

Year 20 _____

Year 20 _____

Year 20 _____

09 AUGUST

Year 20 ____

___

Year 20 ____

___

Year 20 ____

___

Year 20 ____

___

Year 20 ____

10 AUGUST

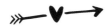

Year 20____

Year 20____

Year 20____

Year 20____

Year 20____

11 AUGUST

Year 20____

Year 20____

Year 20____

Year 20____

Year 20____

12 AUGUST

Year 20 ____

Year 20 ____

Year 20 ____

Year 20 ____

Year 20 ____

13 AUGUST

Year 20____

Year 20____

Year 20____

Year 20____

Year 20____

14 AUGUST

Year 20____

Year 20____

Year 20____

Year 20____

Year 20____

15 AUGUST

Year 20____

_____
_____
_____
_____

Year 20____

_____
_____
_____
_____

Year 20____

_____
_____
_____
_____

Year 20____

_____
_____
_____
_____

Year 20____

_____
_____
_____
_____

16 AUGUST

Year 20____

Year 20____

Year 20____

Year 20____

Year 20____

17 AUGUST

Year 20 _____

Year 20 _____

Year 20 _____

Year 20 _____

Year 20 _____

18 AUGUST

Year 20____

Year 20____

Year 20____

Year 20____

Year 20____

19 AUGUST

Year 20 _____

_____
_____
_____
_____

Year 20 _____

_____
_____
_____
_____

Year 20 _____

_____
_____
_____
_____

Year 20 _____

_____
_____
_____
_____

Year 20 _____

_____
_____
_____
_____

20 AUGUST

Year 20____

Year 20____

Year 20____

Year 20____

Year 20____

21 AUGUST

Year 20____

Year 20____

Year 20____

Year 20____

Year 20____

---

22 AUGUST

Year 20____

Year 20____

Year 20____

Year 20____

Year 20____

23 AUGUST

Year 20____

Year 20____

Year 20____

Year 20____

Year 20____

24 AUGUST

Year 20____

Year 20____

Year 20____

Year 20____

Year 20____

25 AUGUST

Year 20____

Year 20____

Year 20____

Year 20____

Year 20____

26 AUGUST

Year 20 ____

Year 20 ____

Year 20 ____

Year 20 ____

Year 20 ____

27 AUGUST

Year 20____

Year 20____

Year 20____

Year 20____

Year 20____

28 AUGUST

Year 20____

Year 20____

Year 20____

Year 20____

Year 20____

29 AUGUST

Year 20____

Year 20____

Year 20____

Year 20____

Year 20____

30 AUGUST

Year 20____

Year 20____

Year 20____

Year 20____

Year 20____

31 AUGUST

Year 20____

Year 20____

Year 20____

Year 20____

Year 20____

01 SEPTEMBER

♥

Year 20____

Year 20____

Year 20____

Year 20____

Year 20____

02 SEPTEMBER

Year 20 _____

_____
_____
_____
_____

Year 20 _____

_____
_____
_____
_____

Year 20 _____

_____
_____
_____
_____

Year 20 _____

_____
_____
_____
_____

Year 20 _____

_____
_____
_____
_____

03 SEPTEMBER

Year 20 ____

Year 20 ____

Year 20 ____

Year 20 ____

Year 20 ____

04 SEPTEMBER

Year 20 ____

Year 20 ____

Year 20 ____

Year 20 ____

Year 20 ____

05 SEPTEMBER

Year 20____

Year 20____

Year 20____

Year 20____

Year 20____

06 SEPTEMBER

Year 20____

―――――――――――――――――――
―――――――――――――――――――
―――――――――――――――――――
―――――――――――――――――――

Year 20____

―――――――――――――――――――
―――――――――――――――――――
―――――――――――――――――――
―――――――――――――――――――

Year 20____

―――――――――――――――――――
―――――――――――――――――――
―――――――――――――――――――
―――――――――――――――――――

Year 20____

―――――――――――――――――――
―――――――――――――――――――
―――――――――――――――――――
―――――――――――――――――――

Year 20____

―――――――――――――――――――
―――――――――――――――――――
―――――――――――――――――――
―――――――――――――――――――

07 SEPTEMBER

Year 20____

Year 20____

Year 20____

Year 20____

Year 20____

08 SEPTEMBER

♥

Year 20 _____

Year 20 _____

Year 20 _____

Year 20 _____

Year 20 _____

09 SEPTEMBER

Year 20 ____

___

Year 20 ____

___

Year 20 ____

___

Year 20 ____

___

Year 20 ____

10 SEPTEMBER

Year 20____

Year 20____

Year 20____

Year 20____

Year 20____

11 SEPTEMBER

Year 20____

Year 20____

Year 20____

Year 20____

Year 20____

12 SEPTEMBER

Year 20____

Year 20____

Year 20____

Year 20____

Year 20____

13 SEPTEMBER

Year 20____

_____
_____
_____
_____
_____

Year 20____

_____
_____
_____
_____
_____

Year 20____

_____
_____
_____
_____
_____

Year 20____

_____
_____
_____
_____
_____

Year 20____

_____
_____
_____
_____
_____

14 SEPTEMBER

Year 20 ____

Year 20 ____

Year 20 ____

Year 20 ____

Year 20 ____

15 SEPTEMBER

Year 20____

_____
_____
_____
_____

Year 20____

_____
_____
_____
_____

Year 20____

_____
_____
_____
_____

Year 20____

_____
_____
_____
_____

Year 20____

_____
_____
_____
_____

16 SEPTEMBER

Year 20 ____

Year 20 ____

Year 20 ____

Year 20 ____

Year 20 ____

17 SEPTEMBER

Year 20____

Year 20____

Year 20____

Year 20____

Year 20____

18 SEPTEMBER

Year 20____

Year 20____

Year 20____

Year 20____

Year 20____

19 SEPTEMBER

Year 20____

Year 20____

Year 20____

Year 20____

Year 20____

20 SEPTEMBER

Year 20 ____

Year 20 ____

Year 20 ____

Year 20 ____

Year 20 ____

21 SEPTEMBER

Year 20____

Year 20____

Year 20____

Year 20____

Year 20____

22 SEPTEMBER

♥

Year 20____

Year 20____

Year 20____

Year 20____

Year 20____

23 SEPTEMBER

Year 20 ____

Year 20 ____

Year 20 ____

Year 20 ____

Year 20 ____

24 SEPTEMBER

Year 20____

Year 20____

Year 20____

Year 20____

Year 20____

25 SEPTEMBER

Year 20____

Year 20____

Year 20____

Year 20____

Year 20____

26 SEPTEMBER

Year 20 ____

Year 20 ____

Year 20 ____

Year 20 ____

Year 20 ____

27 SEPTEMBER

Year 20____

———————————————————

Year 20____

———————————————————

Year 20____

———————————————————

Year 20____

———————————————————

Year 20____

28 SEPTEMBER

Year 20 ____

Year 20 ____

Year 20 ____

Year 20 ____

Year 20 ____

29 SEPTEMBER

♥

Year 20____

Year 20____

Year 20____

Year 20____

Year 20____

30 SEPTEMBER

Year 20 _____

_____
_____
_____
_____

Year 20 _____

_____
_____
_____
_____

Year 20 _____

_____
_____
_____
_____

Year 20 _____

_____
_____
_____
_____

Year 20 _____

_____
_____
_____
_____

01 OCTOBER

Year 20____

Year 20____

Year 20____

Year 20____

Year 20____

02 OCTOBER

Year 20 ____

Year 20 ____

Year 20 ____

Year 20 ____

Year 20 ____

03 OCTOBER

Year 20____

Year 20____

Year 20____

Year 20____

Year 20____

---

04 OCTOBER

Year 20 _____

_____
_____
_____
_____
_____

Year 20 _____

_____
_____
_____
_____
_____

Year 20 _____

_____
_____
_____
_____
_____

Year 20 _____

_____
_____
_____
_____
_____

Year 20 _____

_____
_____
_____
_____
_____

05 OCTOBER

Year 20____

Year 20____

Year 20____

Year 20____

Year 20____

06 OCTOBER

Year 20 _____

Year 20 _____

Year 20 _____

Year 20 _____

Year 20 _____

07 OCTOBER

Year 20 ____

Year 20 ____

Year 20 ____

Year 20 ____

Year 20 ____

08 OCTOBER

Year 20____

―――――――――――――――――
―――――――――――――――――
―――――――――――――――――
―――――――――――――――――

Year 20____

―――――――――――――――――
―――――――――――――――――
―――――――――――――――――
―――――――――――――――――

Year 20____

―――――――――――――――――
―――――――――――――――――
―――――――――――――――――
―――――――――――――――――

Year 20____

―――――――――――――――――
―――――――――――――――――
―――――――――――――――――
―――――――――――――――――

Year 20____

―――――――――――――――――
―――――――――――――――――
―――――――――――――――――
―――――――――――――――――

09 OCTOBER

Year 20 ____

_____
_____
_____
_____

Year 20 ____

_____
_____
_____
_____

Year 20 ____

_____
_____
_____
_____

Year 20 ____

_____
_____
_____
_____

Year 20 ____

_____
_____
_____
_____

10 OCTOBER

Year 20____

Year 20____

Year 20____

Year 20____

Year 20____

11 OCTOBER

Year 20____

Year 20____

Year 20____

Year 20____

Year 20____

12 OCTOBER

Year 20____

_____
_____
_____
_____

Year 20____

_____
_____
_____
_____

Year 20____

_____
_____
_____
_____

Year 20____

_____
_____
_____
_____

Year 20____

_____
_____
_____
_____

13 OCTOBER

Year 20____

Year 20____

Year 20____

Year 20____

Year 20____

14 OCTOBER

Year 20 ____

Year 20 ____

Year 20 ____

Year 20 ____

Year 20 ____

15 OCTOBER

Year 20____

Year 20____

Year 20____

Year 20____

Year 20____

16 OCTOBER

Year 20____

_____
_____
_____
_____

Year 20____

_____
_____
_____
_____

Year 20____

_____
_____
_____
_____

Year 20____

_____
_____
_____
_____

Year 20____

_____
_____
_____
_____

17 OCTOBER

Year 20____

Year 20____

Year 20____

Year 20____

Year 20____

18 OCTOBER

Year 20____

Year 20____

Year 20____

Year 20____

Year 20____

19 OCTOBER

Year 20___

Year 20___

Year 20___

Year 20___

Year 20___

20 OCTOBER

♥

Year 20 _____

_____
_____
_____
_____

Year 20 _____

_____
_____
_____
_____

Year 20 _____

_____
_____
_____
_____

Year 20 _____

_____
_____
_____
_____

Year 20 _____

_____
_____
_____
_____

21 OCTOBER

Year 20 ____

Year 20 ____

Year 20 ____

Year 20 ____

Year 20 ____

22 OCTOBER

Year 20____

Year 20____

Year 20____

Year 20____

Year 20____

23 OCTOBER

Year 20____

Year 20____

Year 20____

Year 20____

Year 20____

24 OCTOBER

Year 20 ____

Year 20 ____

Year 20 ____

Year 20 ____

Year 20 ____

25 OCTOBER

Year 20 ____

Year 20 ____

Year 20 ____

Year 20 ____

Year 20 ____

26 OCTOBER

Year 20____

Year 20____

Year 20____

Year 20____

Year 20____

27 OCTOBER

Year 20____

Year 20____

Year 20____

Year 20____

Year 20____

28 OCTOBER

Year 20 ____

Year 20 ____

Year 20 ____

Year 20 ____

Year 20 ____

29 OCTOBER

Year 20__

Year 20__

Year 20__

Year 20__

Year 20__

30 OCTOBER

Year 20 ____

Year 20 ____

Year 20 ____

Year 20 ____

Year 20 ____

31 OCTOBER

Year 20____

Year 20____

Year 20____

Year 20____

Year 20____

01 NOVEMBER

Year 20____

Year 20____

Year 20____

Year 20____

Year 20____

02 NOVEMBER

Year 20____

Year 20____

Year 20____

Year 20____

Year 20____

03 NOVEMBER

Year 20____

_____

Year 20____

_____

Year 20____

_____

Year 20____

_____

Year 20____

04 NOVEMBER

Year 20 ____

Year 20 ____

Year 20 ____

Year 20 ____

Year 20 ____

05 NOVEMBER

Year 20 ____

Year 20 ____

Year 20 ____

Year 20 ____

Year 20 ____

06 NOVEMBER

Year 20____
_____
_____
_____
_____

Year 20____
_____
_____
_____
_____

Year 20____
_____
_____
_____
_____

Year 20____
_____
_____
_____
_____

Year 20____
_____
_____
_____
_____

07 NOVEMBER

Year 20____

Year 20____

Year 20____

Year 20____

Year 20____

08 NOVEMBER

Year 20____

_____
_____
_____
_____

Year 20____

_____
_____
_____
_____

Year 20____

_____
_____
_____
_____

Year 20____

_____
_____
_____
_____

Year 20____

_____
_____
_____
_____

09 NOVEMBER

Year 20____

Year 20____

Year 20____

Year 20____

Year 20____

10 NOVEMBER

Year 20____

Year 20____

Year 20____

Year 20____

Year 20____

11 NOVEMBER

Year 20 ____

Year 20 ____

Year 20 ____

Year 20 ____

Year 20 ____

12 NOVEMBER

Year 20____

Year 20____

Year 20____

Year 20____

Year 20____

13 NOVEMBER

Year 20____

Year 20____

Year 20____

Year 20____

Year 20____

14 NOVEMBER

Year 20____

Year 20____

Year 20____

Year 20____

Year 20____

15 NOVEMBER

Year 20 ____

Year 20 ____

Year 20 ____

Year 20 ____

Year 20 ____

16 NOVEMBER

Year 20____

Year 20____

Year 20____

Year 20____

Year 20____

17 NOVEMBER

Year 20____

Year 20____

Year 20____

Year 20____

Year 20____

18 NOVEMBER

Year 20 ____

Year 20 ____

Year 20 ____

Year 20 ____

Year 20 ____

19 NOVEMBER

Year 20____

_____
_____
_____
_____

Year 20____

_____
_____
_____
_____

Year 20____

_____
_____
_____
_____

Year 20____

_____
_____
_____
_____

Year 20____

_____
_____
_____
_____

20 NOVEMBER

Year 20____

Year 20____

Year 20____

Year 20____

Year 20____

21 NOVEMBER

Year 20____

Year 20____

Year 20____

Year 20____

Year 20____

22 NOVEMBER

Year 20____

Year 20____

Year 20____

Year 20____

Year 20____

23 NOVEMBER

Year 20__

Year 20__

Year 20__

Year 20__

Year 20__

24 NOVEMBER

Year 20____

Year 20____

Year 20____

Year 20____

Year 20____

25 NOVEMBER

Year 20 _____

_____
_____
_____
_____

Year 20 _____

_____
_____
_____
_____

Year 20 _____

_____
_____
_____
_____

Year 20 _____

_____
_____
_____
_____

Year 20 _____

_____
_____
_____
_____

26 NOVEMBER

Year 20____

Year 20____

Year 20____

Year 20____

Year 20____

27 NOVEMBER

Year 20____

Year 20____

Year 20____

Year 20____

Year 20____

28 NOVEMBER

Year 20____

Year 20____

Year 20____

Year 20____

Year 20____

29 NOVEMBER

Year 20 _____

_____
_____
_____
_____

Year 20 _____

_____
_____
_____
_____

Year 20 _____

_____
_____
_____
_____

Year 20 _____

_____
_____
_____
_____

Year 20 _____

_____
_____
_____
_____

30 NOVEMBER

Year 20____

Year 20____

Year 20____

Year 20____

Year 20____

01 DECEMBER

♥

Year 20____

Year 20____

Year 20____

Year 20____

Year 20____

02 DECEMBER

Year 20 _____

Year 20 _____

Year 20 _____

Year 20 _____

Year 20 _____

03 DECEMBER

Year 20____

Year 20____

Year 20____

Year 20____

Year 20____

04 DECEMBER

Year 20____

Year 20____

Year 20____

Year 20____

Year 20____

05 DECEMBER

Year 20____

Year 20____

Year 20____

Year 20____

Year 20____

06 DECEMBER

Year 20____

Year 20____

Year 20____

Year 20____

Year 20____

07 DECEMBER

Year 20____

_____

Year 20____

_____

Year 20____

_____

Year 20____

_____

Year 20____

_____

08 DECEMBER

Year 20____

Year 20____

Year 20____

Year 20____

Year 20____

09 DECEMBER

Year 20 ____

Year 20 ____

Year 20 ____

Year 20 ____

Year 20 ____

10 DECEMBER

Year 20____

Year 20____

Year 20____

Year 20____

Year 20____

11 DECEMBER

Year 20____

Year 20____

Year 20____

Year 20____

Year 20____

---

12 DECEMBER

Year 20____

Year 20____

Year 20____

Year 20____

Year 20____

13 DECEMBER

Year 20____

Year 20____

Year 20____

Year 20____

Year 20____

14 DECEMBER

Year 20____

Year 20____

Year 20____

Year 20____

Year 20____

15 DECEMBER

♥

Year 20____

_____
_____
_____
_____

Year 20____

_____
_____
_____
_____

Year 20____

_____
_____
_____
_____

Year 20____

_____
_____
_____
_____

Year 20____

_____
_____
_____
_____

16 DECEMBER

Year 20 ____

Year 20 ____

Year 20 ____

Year 20 ____

Year 20 ____

17 DECEMBER

Year 20 ____

Year 20 ____

Year 20 ____

Year 20 ____

Year 20 ____

18 DECEMBER

Year 20____

Year 20____

Year 20____

Year 20____

Year 20____

19 DECEMBER

Year 20____

Year 20____

Year 20____

Year 20____

Year 20____

---

20 DECEMBER

Year 20 ____

Year 20 ____

Year 20 ____

Year 20 ____

Year 20 ____

21 DECEMBER

Year 20____

Year 20____

Year 20____

Year 20____

Year 20____

22 DECEMBER

Year 20___

Year 20___

Year 20___

Year 20___

Year 20___

23 DECEMBER

Year 20 ____

Year 20 ____

Year 20 ____

Year 20 ____

Year 20 ____

24 DECEMBER

Year 20____

Year 20____

Year 20____

Year 20____

Year 20____

25 DECEMBER

Year 20____

Year 20____

Year 20____

Year 20____

Year 20____

26 DECEMBER

Year 20____

———————————————
———————————————
———————————————
———————————————

Year 20____

———————————————
———————————————
———————————————
———————————————

Year 20____

———————————————
———————————————
———————————————
———————————————

Year 20____

———————————————
———————————————
———————————————
———————————————

Year 20____

———————————————
———————————————
———————————————
———————————————

27 DECEMBER

Year 20____

Year 20____

Year 20____

Year 20____

Year 20____

28 DECEMBER

Year 20____

_____
_____
_____
_____

Year 20____

_____
_____
_____
_____

Year 20____

_____
_____
_____
_____

Year 20____

_____
_____
_____
_____

Year 20____

_____
_____
_____
_____

29 DECEMBER

Year 20 ____

Year 20 ____

Year 20 ____

Year 20 ____

Year 20 ____

30 DECEMBER

Year 20 ____

Year 20 ____

Year 20 ____

Year 20 ____

Year 20 ____

31 DECEMBER

Year 20____

Year 20____

Year 20____

Year 20____

Year 20____